novum pro

ALFRED
HÖLLER

... Gedanken reisen ...

... ein Handbuch für Mitfühlende ...

novum pro

www.novumverlag.com

Bibliografische Information
der Deutschen Nationalbibliothek:

Die Deutsche Nationalbibliothek
verzeichnet diese Publikation in
der Deutschen Nationalbibliografie.
Detaillierte bibliografische Daten
sind im Internet über
http://www.d-nb.de abrufbar.

Alle Rechte der Verbreitung,
auch durch Film, Funk und Fernsehen,
fotomechanische Wiedergabe,
Tonträger, elektronische Datenträger
und auszugsweisen Nachdruck,
sind vorbehalten.

© 2021 novum Verlag

ISBN 978-3-99107-269-0
Lektorat: LSM
Umschlagabbildung: Alfred Höller
Umschlaggestaltung, Layout & Satz:
novum Verlag

Gedruckt in der Europäischen Union
auf umweltfreundlichem, chlor- und
säurefrei gebleichtem Papier.

www.novumverlag.com

… und wenn sie reisen
meine Gedanken
fühle ich
sehe ich Bilder
spüre ich Leben

ich versuche
das Gefühlte jetzt in Worte zu fassen

ich kann sie jetzt lesen
du kannst sie jetzt lesen
und
ich fühle jetzt Wärme
so rund um mein Herz

und wenn du jetzt mitfühlst
verstehst du die Tränen
in meinem lachenden Gesicht …

… und sollte ich dieses Gefühlte
vielleicht im Alter
vielleicht aufgrund der Situation
wieder einmal nicht in Worte fassen können

und sollten wir uns
in dieser Situation begegnen
kannst du in diesem Buch
es liegt in meinem Nachtkästchen
lesen

mir vielleicht vorlesen

vielleicht geben die Worte
mir und/oder dir Sinn
vielleicht auch nicht

was sie mir
wenn ich sie höre
immer geben
ist dein Da-sein …

… in einem gestreiften Leiberl
in einem gepunkteten Hoserl
hockerl ich vor meinem Sandküberl

in der rechten Hand halte ich ein Schauferl
lächelnd schau ich in die Kamera

das Bild zeigt den kleinen Fredi
er lebt in mir

dieses Bild steht auf meinem Nachtkästchen
auch im Pflegeheim

jede(r) kann es sehen
jede(r) kann den kleinen Fredi sehen
bei jeder (Pflege)handlung

er lebt in mir
und wenn ihr in diesem Buch gelesen habt
kennt ihr ihn

zumindest ein bisschen …

… meine Gedanken reisen
vor und zurück
lassen mich fühlen
lassen mich wiedererleben
lassen mich Bilder sehen

Ludwig Hirsch hilft mir dabei sie in Worte zu fassen

„Ja großer schwarzer Vogel
auf geht's
mitten in den Himmel hinein"
singt er

möglicherweise geht diese Reise in eine neue Zeit
möglicherweise in eine neue Welt

und sollte ich einmal diese Reise antreten
werde ich gerne
an euch
an die Zeit mit euch
und an die Welt
in der ich mit euch lebte zurückdenken

ich werde
da bin ich mir ganz sicher
so wie Ludwig Hirsch
singen
und lachen

ich werde Neues
und Überraschendes erfahren
und
vielleicht werde ich
„Des gibt's net
schrei'n"

ich werde
wieder
und immer wieder
an euch denken
so wie jetzt

meine Augen füllen sich mit Tränen
in mir spüre ich Wärme
sie ist so einzigartig wie ihr
sie kommt von euch

ich habe soeben
jetzt beim Schreiben
da bin ich mir ganz sicher
ein Stück Himmel mit euch erlebt ...

... bald nach meiner Geburt
geht meine Mutter wieder arbeiten

sie ist Lehrerin
der Beruf ist ihr
und meinem Vater sehr wichtig

in der Zeit
in der sie unterrichten
bin ich bei meinem Onkel und meiner Tante

ihre Schneiderwerkstatt liegt gegenüber der Schule
durchs Fenster der Werkstatt
kann ich das Klassenfenster sehen
kann meine Mutter erahnen
kann sie erfühlen

die Bitte
ein bisserl Mutti-schau'n-dürfen
kann ich
während ich diese Erinnerung schreibe
in mir hören

und in mir drinnen
spüre ich die tiefe Traurigkeit
des kleinen Fredi

ich nehme ihn jetzt an der Hand
hebe ihn hoch
drücke ihn an mich
und flüstere ihm ins Ohr
„Gut dass diese Zeit vorbei ist" ...

… ich sehe mich
als kleiner Bub
im Krankenhaus
auf Grund einer Vorhautverengung
werde ich dort operiert

ich sehe eine Klosterschwester
ich nenne sie Klostertante
und ich sehe
am Ende des Ganges
meine Mutti

sie spricht mit der Klostertante

und jetzt sehe ich
meine Mutti den Gang entlanggehen
immer kleiner werden
verschwinden

viele Jahre später
frage ich meine Mutter
warum sie damals
nicht zu mir gekommen ist

sie ist verwundert
sie glaubt mir nicht
dass ich mich daran erinnere
sie glaubt nicht an meine Erinnerung

wir schweigen
und in dieses Schweigen hinein
sagt meine Mutter
„Die Klosterschwester hat es für besser gehalten zu gehen"

wir schweigen
und in dieses Schweigen hinein
sehe ich mich nicken

jetzt
wo ich die Erinnerung in Worte fasse
spüre ich

ich spüre
eine tiefe Traurigkeit

ich bin so froh
dass ich den kleinen Fredi in mir
heute trösten kann …

… ich sehe mich neben meiner Mutter im Bett liegen
ich sehe meine Mutter immer wieder den Tuchentbezug hochziehen
ich sehe sie mit ihrer Handinnenfläche über die entstandene Spitze streichen
ich sehe ihr dabei zu

ich sehe mich alleine im Bett liegen
ich sehe *mich* den Polsterspitz hochziehen
ich sehe *mich* mit der Handinnenfläche über den Zipfel meines Polsters streichen
ich fühle Angenehmes

ich stelle mir vor meine Mutter liegt neben *mir* im Bett
ich stelle mir vor ich liege neben *meiner* Mutter im Bett
ich stelle mir vor sie streichelt *mich*
während meiner Vorstellung fühle ich Angenehmes

ich bin froh
die Erkenntnis erlangt zu haben
ich brauche nicht meine Mutter
ich brauche die Fähigkeit der Vorstellung

ich brauche die Fähigkeit
meinen kleinen Fredi in mir
liebevoll in die Arme zu nehmen
ihn zu streicheln
und ihm ins Ohr zu flüstern
„Ich hab' dich lieb"

ich bin froh
dass er
der kleine Fredi
mich immer wieder an die Fähigkeit
mir selbst Kuscheltücher zu schenken
erinnert …

... Erinnerungsbruchstücke

ein zertrümmertes Auto
Opa steht bei dem zertrümmerten Auto
Opa trägt etwas
es ist in Weihnachtspapier verpackt

im Vorzimmer der Oma meiner Freunde steht ein Sarg
Opa und ich stehen neben dem Sarg
Opa hebt mich hoch
im Sarg liegt der Vati meiner Freunde

Opa und ich sitzen in der Küche der Oma meiner Freunde
im Sarg vor der Küche liegt ihr Sohn
im Sarg vor der Küche liegt der Vati meiner Freunde
die Oma meiner Freunde weint

Opa und ich sitzen in der Küche der Oma meiner Freunde
die Küchentüre springt auf
die schluchzende
die schwarz gekleidete
die tränenüberströmte
Mutti meiner Freunde
stürzt herein

sie setzt sich
sie weint
sie schluchzt

im Vorzimmer ein Sarg
im Sarg der Vati meiner Freunde
in der Küche die Oma
sie weint
in der Küche die Mutti
sie weint
sie schluchzt

ich stehe auf einem Fensterbrett
meine Mutti steht hinter mir
auf dem Platz vor dem Fenster stehen viele Menschen
Männer tragen zwei Särge
einer der Männer ist mein Vati

es ist Weihnachten
es sind meine ersten Erinnerungsbruchstücke an Weihnachten
ich bin fünf Jahre alt

ich erinnere mich an keinen Christbaum
ich erinnere mich an Weinende
und an zwei Särge

da ist nichts Warmes
da ist nichts Fröhliches
da ist nichts Seliges
da ist kein kleiner Fredi
da ist kein Christbaum
da sind Mutti und ich am Fenster
da ist Vati der einen Sarg trägt

es sind meine ersten Erinnerungen an Weihnachten
und jetzt
wo ich schreibe
fühle ich *mit*

mit der Oma meiner Freunde
mit der Mutti meiner Freunde
mit meinen Freunden

und ich fühle so viel Traurigkeit …

… das Begrüßungsritual meiner Lintschi Tante verläuft so

sie öffnet Omis Küchentüre
spitzt ihre rot geschminkten Lippen
kommt auf mich zu
sagt „Grüß dich"
nimmt mein Gesicht in ihre Hände
und jetzt drückt sie
die gespitzten
knallrot geschminkten Lippen
auf die meinen

heute bin ich mir sicher
sie liebte es
ihr Ritual

sie fragt mich nicht
wie's mir dabei geht

ich sage ihr nicht
wie's mir dabei geht

sie gibt mir über Jahre ihr Busserl
ich schweige über Jahre bei ihrem Busserl

und dann ist Lintschi Tante alt geworden

sie liegt im Krankenhaus

ich besuche sie
betrete das Zimmer
begrüße sie
setze mich zu ihr ans Bett
plaudere mit ihr

nach einer Weile stehe ich auf
stelle den Sessel ans Bettende
will mich von ihr verabschieden

und jetzt spüre ich etwas Warmes
so rund um mein Herz
einfach so
und ich höre mich sagen
einfach so
„Wenn's dir recht ist
gebe ich dir ein Busserl
bevor ich gehe"

in meinen Gedanken
sehe ich sie jetzt nicken
ich sehe mich *ihr* ein Busserl geben
es ist *mein* erstes Busserl für sie
ich gebe es ihr
und dann sehe ich mich aus dem Zimmer gehen

Lintschi Tante verstirbt einige Tage später

und immer wenn ich an sie denke
so wie jetzt
spüre ich etwas Warmes
so rund um mein Herz …

… ich bin zwölf Jahre alt
es ist Sonntagnachmittag
ich spüre eine Bedrohung
sie kommt unaufhaltsam näher

morgen
ganz zeitig in der Früh
wird mich Vati zu Tante Zita fahren

gemeinsam mit meiner Schwester
und ich werde wieder eine unendlich lange Zeit
von Montag bis Samstag
bei ihr verbringen müssen

ich fühle ein Weh
ein Heimweh

ich fühle mich müde
niedergeschlagen
krank und
ich fühle *dieses* Weh

ich möchte *mein* Weh mit-spür-bar
ich möchte *mein* Weh sichtbar machen

ich nehme ein Fieberthermometer
reibe es
mit *meinem* Weh auf 37,5 °C
gehe zu meiner Mutti
zeige ihr das Thermometer
hoffe auf ein
hoffe auf ihr
Mitgefühl

sie greift mir auf die Stirn
nimmt das Thermometer
schüttelt es hinunter
fordert mich auf es in die Achselhöhle zu stecken

gemeinsam warten wir auf das Ergebnis
und in mir spüre ich
mein Weh
mein Flehen
mein Bitten

und ich höre meine Mutti
sie fordert das Thermometer

es zeigt
kein Weh
kein Flehen
kein Bitten
und kein Fieber

am frühen Morgen des nächsten Tages
sitzen Evi und ich mit Vati im Auto
wir sind auf dem Weg
auf dem Weg zu Tante Zita

und du Mutti
und du Vati
seid so weit weg
so weit weit weg

und auch du Opa

es tut so weh
dieses Weit-weit-weg-Gefühl
irgendwann hab' ich aufgehört es zu fühlen
dieses Weh

der kleine Fredi in mir hat resigniert
es war dieAusweglosigkeit
es war seineAusweglosigkeit

es war das Fehlen der Kuscheltücher
der Kuscheltücher von dir Mutti
und von dir Vati

ich bin so froh dass mein kleiner Fredi in mir
sie heute von mir
dem erwachsenen Alfred –
und von Heidi
und von den Kindern
und den Enkelkindern
geplant und spontan bekommt
die Kuscheltücher …

… beim Schwammerl suchen

du Opa und ich
wir sitzen auf einer Anhöhe
wir essen trinken schauen

und in die Stille hinein höre ich dich sagen
„Und wenn ich einmal gestorben bin
wirst du sagen
dass du mit deinem Opa Schwammerl suchen gegangen bist
dass du mit ihm jagen gegangen bist …"

ich höre es dich sagen
ganz tief in mir drinnen
jetzt
während ich schreibe

ich weiß nicht
ob ich etwas
auf das von dir Gesagte antworte

was ich heute weiß Opa ist
dass du recht hast

ich sehe dich und mich jetzt
ja
jetzt wo ich schreibe
ich erlebe dich und mich jetzt
ja
jetzt wo ich schreibe
ich erlebe dich in mir Opa

ich erlebe dich auf der Anhöhe
auf dem Hochstand

Opa ist schon lange tot
er hat jedem seiner fünf Enkelkinder ein Sparbuch vererbt

ich habe mir von dem Geld eine Pendeluhr gekauft

sie hat vor 23 Minuten zwölf Mal geschlagen

und während ich diese Zeilen schreibe
kann ich meinen Opa wieder sehen

und jetzt
ja jetzt in diesem Augenblick
kann ich ihn wieder fühlen

und das immer wieder und wieder und …

ich brauch mich *nur* erinnern …

… unser Klo
es liegt vor der Eingangstüre
auf der Veranda
und im Winter
ist es dort saukalt

das Schlafzimmer
das von Omi und Opa
liegt hinter der Eingangstüre
und auch im Winter
ist es dort warm

nein
im Schlafzimmer ist es nicht warm
warm ist es unter der Tuchent meiner Omi

und ich darf unter die Tuchent
ich darf zu ihr

ich darf zu meiner warmen Omi
sie ist nicht nur warm
sie ist auch so wunderbar weich
und sie riecht so gut
sie riecht so gut
nach Omi

ich werde mich mein Leben lang
an ihre Wärme
an ihr Weiches
und ihren Geruch erinnern

und wenn ich einmal alt bin
und wenn ich einmal vergesslich bin
und wenn ich eine warme
eine weiche
eine duftende

eine mich vielleicht betreuende Person
neben meinem Bett stehen sehe
könnte es durchaus sein
dass ich in meinem Bett etwas hinüberrutsche
dass ich die Bettdecke hebe
dass ich ihr Platz anbiete
mich revanchieren möchte

ich hoffe
sie kann sich an Gelerntes erinnern
ich hoffe
sie weiß
mein Verhalten ist kein Zufälliges

und wenn sie jetzt
neben meinem Bett Platz nimmt
oder noch besser
sich zu mir ins Bett setzt
werde ich Warmes
Weiches
vielleicht auch Duftendes
vielleicht mir Bekanntes
sich So-gut-anfühlendes
wahrnehmen

so wie jetzt
so wie jetzt wo ich schreibe

ich werde es im Jetzt wahrnehmen
ich werde es wahrnehmen wenn *du* da bist
mir *dein* Da-sein gibst …

… Opa fängt mit der Hand eine Forelle
wir tragen sie heim
Omi bereitet sie zu
Vati isst sie

ich fange mit der Hand eine Forelle
ich trage sie heim
ich weiß nichts von ihrer Zubereitung

ich höre
über eine gefühlte Endlosigkeit
von dir Mutti und von dir Vati
„Du hast sie gestohlen"

was ich fürs Leben mitnehme

ein und dieselbe Handlung
führt nicht zu
ein und derselben Reaktion …

… es ist ein großer Auftritt
es ist *mein* großer Auftritt
ich halte ein Referat vor Vielen

das Thema
mein Thema
Gefühlsarbeit

es ist der Applaus
am Ende meines Referates
er bestätigt mich
ich habe über einen wichtigen Teil
der Betreuungsarbeit
meiner Betreuungsarbeit gesprochen

während des Applauses
spüre ich ein kleinwenig Schweben

meine Mutter ist nicht unter den ZuhörerInnen

einige Zeit später
erfahre ich von meiner Schwester
dass meine Mutter sie fragte
was ich denn angehabt habe
beim Vortrag

ich bin sprachlos
ich spüre Wut
und dann spüre ich
eine tiefe Traurigkeit

ich werde noch lange daran arbeiten
um deine Prioritäten
Mutti
akzeptieren zu können

ich bin froh
diese Arbeit geleistet zu haben

sie ermöglicht es mir
dich Mutti
immer wieder einmal
in meiner schönsten Hose
in meinem schönsten Hemd
und in meinem schönsten Sakko
zu besuchen …

… ich sehe dich Mutti
am Beifahrersitz in unserem Fiat
dem roten
mit den Doppelscheinwerfern
und dem weißen Dach

du hältst ein Stück Würfelzucker in der Hand
tropfst Zitrone darauf
und dann
gibst du *mir* dieses Stück

es schmeckt köstlich
es ist von *dir*
es ist eine so schöne Erinnerung

es ist die Erinnerung
an dieses
so besondere
Ereignis

es verbindet mich
mit dir

ich spüre sie
die Verbindung

ich spüre sie jetzt …

… ich habe einen Schilling
aus Omis Geldbörse genommen
ich gehe damit ins Geschäft
und kaufe mir Süßes

ich gehe
in Richtung nach Hause
und sehe dich
Mutti

ich verstecke mich
hinter der Zapfsäule der Tankstelle
ich hätte so gerne
dass du mich nicht siehst

du siehst mich
du fragst mich
und fragst mich
und fragst mich

und irgendwann gebe ich es zu
ich habe den Schilling
aus Omis Geldbörse
genommen

du zwingst mich
es Omi zu sagen
du zwingst mich
ihr den Schilling zurückzugeben

es ist mir so peinlich
ich schäme mich so
ich kann es jetzt
noch empfinden
ich bin mir sicher
du hättest mich nicht dazu gezwungen
wenn du
mit mir gefühlt hättest

ich bin mir sicher
du hättest den kleinen Fredi
hinter der Zapfsäule
übersehen
wenn du mit ihm gefühlt hättest

ich bin mir sicher
der kleine Fredi
wäre nachdenklich geworden
wenn du ihn gefragt hättest
was eine Mutti
ihrem Sohn
sagen soll
der Geld
aus dem Geldbörsl
seiner Omi genommen hat

ich bin mir sicher
wir hätten gemeinsam
eine Lösung
für die beiden
gefunden …

… du Mutti
du
meine Lehrerin
die nichts mit meiner Mutti zu tun hat
du sagst
uns Schülern
ein Diktat an

ich Mutti
einer deiner Schüler
versuche
fehlerfrei
zu schreiben

du Vati
du
der Schuldirektor
der nichts mit meinem Vati zu tun hat
betrittst das Klassenzimmer

du berührst mich
ganz kurz
nicht zufällig
gibst mir
mit deiner Berührung
einen Hinweis

ich korrigiere

du Mutti
verbesserst die Mitschrift
die von mir und
die der Anderen

ich stehe
während du verbesserst
neben deinem Katheder
und neben dir

meine Mitschrift ist fehlerfrei

du nimmst Blickkontakt mit mir auf
du sagst „Hier"
du zeigst auf etwas Durchgestrichenes
du zeigst auf das Durchgestrichene
du zeigst auf das von mir Durchgestrichene
und ich höre dich sagen
„Hier hat dir Vati geholfen"

du korrigierst nicht
es gibt nichts zu korrigieren
du nimmst den Rotstift und
du schreibst einen Einser unter das Diktat

du schreibst keinen Römischen Einser
unter das Diktat
nein
du schreibst einen Einser
unter das Diktat

ich erinnere mich

ich bin mir sicher
du hättest mir
einen Römischen Einser gegeben
hättest du mit mir gefühlt

heute weiß ich
warum diese Frau mit dem Rotstift
nichts
aber auch schon gar nichts
mit meiner Mutti zu tun hatte

warum ich das weiß

weil mich meine Mutti
für den Einser
den ich ihr zeige
sehr lobt

was den kleinen Fredi in mir
bis heute ein bisserl beschäftigt ist
warum meine Mutti
mich nie fragte
warum die Frau Lehrer
mir auf ein fehlerloses Diktat
keinen Römischen Einser gibt ...

… liebe Mutti
am Mittwoch lagen wir
nach langer langer Zeit
wieder einmal gemeinsam im Bett

Vati stand etwas ratlos daneben

und dann bist du gegangen

für immer

du hast Vati und mich ganz schön überrascht

wir aßen gerade Suppe
in der Küche
als die Heimhilfe
sie war
während wir aßen
bei dir
kam

sie kam von dir
aus dem Schlafzimmer
zu uns
in die Küche

sie sagte
sie glaube
es gehe dir
nicht gut

ich
und Vati
sind vom Tisch aufgestanden
zu dir ins Zimmer gegangen
ich hab' mich zu dir ins Bett gelegt
hab' deine Hand genommen
sie gehalten

und dann bist du gegangen

für immer

ich werde mich
mein Leben lang
an dieses Bild erinnern

und bei dieser Erinnerung wird es mir
so wie jetzt
wo ich das schreibe
da bin ich mir sicher
warm ums Herz werden

und wenn sich dein Glaube
an ein Leben nach dem Tod bestätigt
fühlst *du* jetzt Warmes mit mir …

… Samstagmorgen
Seminarwochenende in der Steiermark

ich mache mich mit dem Auto
auf den Weg zum Bäcker

ich erinnere mich
ans Einsteigen und
ans Losfahren

dann erinnere ich mich
an nichts

irgendwann kommt sie zurück
die Erinnerung
ich sehe Wiesen
Felder
einen Bauernhof

ich habe keine Ahnung
wo ich bin
ich habe keine Ahnung
wie ich hierherkomme

seit meiner Abfahrt
sind mehr als eineinhalb Stunden vergangen
das Seminar beginnt in einer halben Stunde
ich beschließe ohne Gebäck zurück zu fahren

ich mache mir Gedanken
über die Begründung meines langen Wegbleibens
und
dem Fehlen des Gebäcks

ich entscheide mich für Reifenpanne
die Begründung wird
von den SeminarteilnehmerInnen
angenommen

das Geschehene ist für mich unerklärlich
ich will es mir gar nicht erklären
ich will nicht mehr daran denken

es vergeht Zeit
und mit dem Vergehen der Zeit
wird das Erlebte
für mich
zum Schein

es wird noch viele Jahre dauern
bis ich das Erlebte
als meinen ersten epileptischen Anfall
akzeptieren kann ...

… ich liege auf einer Art von Operationstisch
mit Ausnahme des Gesichtes
bedeckt ein Leintuch meinen Körper

Kleidung trage ich keine
im Raum befinden sich
eine Krankenschwester
und
an die 20 Personen
alle
tragen weiß

eine weiß gekleidete Person
kommt zu mir
informiert mich
über die Schritte
ihres nächsten Tuns

jetzt
schlägt sie das Leintuch hoch
mein Bauch
mein Penis
meine Hoden
meine Beine
meine Füße
sind jetzt nackt

sie desinfiziert
den Bereich der Einstichstelle
in meiner Leistenbeuge

sie beendet die Desinfektion
dreht sich von mir weg
verschwindet aus meinem Gesichtsfeld
mein Bauch
mein Penis
meine Hoden
meine Beine
meine Füße
bleiben nackt

die 20 Personen
bilden einen Halbkreis
um mich
den Nackten

mein Bauch
mein Penis
meine Hoden
meine Beine
meine Füße
sind nackt

es ist mir unmöglich
mein Empfinden
in Worte zu fassen

es ist da so viel Scham
es ist da so viel Empfundenes
es ist da so viel in mir
auch ich

ich ziehe mich
in mich zurück

ich bin meine Sprache los
nicht aber meine Scham

ich nehme sie wahr
sie
die nicht enden wollende Scham

und jetzt
entziehe ich mich
meiner Scham

und nicht nur ihr
meiner Scham
nein
auch meinem Körper
entziehe ich mich

irgendwann
am Ende
einer nicht empfundenen
Zeit
spüre ich ein
und dann mein
Bedeckt werden

ein Mann
ein weiß gekleideter
tritt in mein Gesichtsfeld
er streckt seinen Arm
zu mir aus
reicht mir seine Hand
sagt seinen Namen

und jetzt
schiebe ich meinen Arm
unter dem Tuch hervor
reiche dem Mann
meine Hand
sage *meinen* Namen

ich höre Vertrautes
ich empfinde Vertrautes
mir Sicherheit Gebendes
nichts Außergewöhnliches
nein
Vertrautes
ja
Ritualisiertes

ich habe empfunden
ich habe nicht entschieden

es war meine Scham
sie entschied

und sie
meine Scham
sie ging mit mir
aus mir heraus

der Körper
aus dem wir
meine Scham und ich
gegangen sind
hatte nichts mehr
mit uns zu tun

was ich möchte
ist
dass *ich*
nicht meine Scham
nein
ich
vielleicht auch nur in Gedanken entscheide
ob ich gehe
oder
ob ich bleibe

und ich entscheide
wo immer ich bin …

… Sprache ist ein Teil von mir
ich spreche gerne

Sprachlosigkeit ist ein Teil von mir
ich erlebte sie mit eingeschränktem Bewusstsein
ich erlebe sie in uneingeschränktem Bewusstsein

das Angebot eines Rituals

sie erinnern sich
„Ich empfinde Vertrautes …
Ritualisiertes …"

im Angebot von *einem*
nein
im Angebot von *deinem*
Da-sein
liegt für mich eine Chance

es ist die Chance
meine Losigkeit zu überwinden …

… ich gehe neben meiner Frau
ein Anfall
mein Anfall
unterbricht unser Gespräch
meine Frau nimmt mich
und meinen Anfall wahr

nach meinem Anfall
spricht meine Frau
ihr Wahrgenommenes aus

ich sage
dass sie sich irrt
dass ihre Wahrnehmung falsch ist

sie nickt
sagt
es ist okay
sagt
wir sprachen gerade von …

sie nennt das Thema
sie spricht weiter

ich brauche Zeit
um wieder mitsprechen zu können
endlich
ich habe einen Anknüpfungspunkt gefunden

es ist ihre Wahrnehmung
ihr Einfühlungsvermögen
ihre Beständigkeit

es ist ihr
es ist okay
dass mich auf meinem Weg
des Annehmens begleitet …

… ich sehe einen Baum
sein Erscheinungsbild beeindruckt mich

ich zeige in seine Richtung
ich frage meine Frau
„Siehst du den …"
und jetzt
mitten im Satz
fehlt mir das Wort
dieses Wort
ich kann es einfach nicht finden
dieses Wort
dieses so wichtige Wort
dieses Wort
dass meiner Frage erst Sinn gibt

ich finde es nicht

ich zeige in die Richtung
des von mir gesuchten Wortes

und jetzt
fühle ich Leere
und
Spannung
ich fühle wie sie steigt
und mit ihr
das Gefühl der Leere

ich höre meine Frau sprechen
„Den Baum …
meinst du den Baum"

und jetzt fühle ich *sie*
ich fühle ihre Nähe
ihre Hand

und
ein kleinwenig Geborgenheit

und jetzt
ich bin mir ganz sicher
es ist das Gefühlte
es ist das kleinwenig Geborgenheit
das mir im Jetzt ermöglicht
Liebe zu fühlen
Liebe zu erleben

ich erlebe die
von Hans Jellouschek formulierte Aussage
„Ich brauche dich
weil ich dich liebe" …

… meine Referatszeit ist gekommen
die Moderatorin kündigt mich an
stellt mich den KongressbesucherInnen vor
ersucht mich um das Referat

ich stehe auf
gehe zum Rednerpult
möchte beginnen

und jetzt ist da nichts
ich höre nichts
ich fühle nichts

ich nehme an
ich sage jetzt das Füllwort
ich habe es selbst nie gehört
es begleitet mich durch meinen Anfall
ich nehme an
auch durch diesen

meine Frau nannte es mir
das Füllwort
es ist das Wort
– wichtig –

ich wiederhole dieses Wort
während meines Anfalls
ich nehme an
das mache ich auch jetzt

ich habe nie nach einer Bestätigung
meiner Annahme gefragt
ich nehme nichts
von meinem Tun wahr
ich verliere mich

und dann
nach einer jetzt
für mich empfundenen
Unendlichkeit
finde ich mich

ich finde mich
auf der Stiege
zwischen Bühne
und ZuhörerInnen

ich stehe auf
gehe zum Rednerpult
halte mein Referat

nach dem Referat
gehe ich zu meinem Platz
setze mich

neben mir
sitzt der Vorsitzende des Kongresses
er gibt mir ein spontanes Feedback
„Also die Einleitung ihres Referates war ungewöhnlich
es kam so richtig Spannung auf"

es ist nicht der Inhalt des Referates
an den ich mich erinnere
es ist diese von mir empfundene
Unendlichkeit
an die ich mich erinnere

ich werde dieses Nichts
15 Jahre lang erleben

ich erinnere mich
an dieses Nichts
ich habe das Gefühl
es ist ein Teil von mir …

… auf dem
vor mir stehenden Monitor
läuft ein
mich sehr beeindruckendes
Video

es zeigt mich
in einem Krankenbett
mit vielen Elektroden am Kopf

ich habe 30 Stunden nicht geschlafen
und auch keine Medikamente genommen

und jetzt sehe ich
wie sich mein Gesicht verzieht
wie sich meine Arme verkrampfen
und auch meine Beine

und
wie jetzt mein ganzer Körper
zuckt
krampft

und ich sehe
Leute
weiß gekleidete
sie laufen ins Bild
und dann zu mir
sie halten mich
schützen mich

auf dem
vor mir stehenden Monitor
läuft dieses Video
ich drücke immer wieder
und immer wieder
die Returntaste
langsam erlange ich Gewissheit
langsam kann ich das Gezeigte
als Anfall
als *meinen epileptischen Anfall*
annehmen

und langsam wird mir die Bedeutung
der mir verordneten Medikamente bewusst

es sind die Bilder
die immer wieder von mir betrachteten Bilder
sie helfen mir
beim Annehmen *meiner* Epilepsie

zwischen meinem ersten Anfall
und den jetzt
immer wieder von mir betrachteten Bildern
liegen über 15 Jahre …

… die Entwicklung eines
die Entwicklung *meines*
terminologischen Begriffes

bei einem informellen Gespräch
nach einer interdisziplinären Teamsitzung
erzähle ich einem mir vertrauten Facharzt
von meinen – Aussetzern –

die spontane Antwort des Kompetenten
„Das kenne ich bei mir auch"

ich fühle Erleichterung

es wird noch Jahre dauern
bis ich meine – Aussetzer –
epileptische Anfälle
nennen kann

es wird noch Jahre dauern
bis ich die Epilepsie
als Teil von mir
sehen kann

es wird noch Jahre dauern
bis ich sie
als *meine* Epilepsie
und als Teil von mir
annehmen kann …

… ich halte ein Seminar
ich stehe vor 15 TeilnehmerInnen

der Boden
unter meinen Füßen
beginnt zu schwanken
die Anzahl
der auf Stühlen sitzenden TeilnehmerInnen
verdoppelt sich

ich setze mich
der Boden
beginnt sich zu stabilisieren
die doppelte TeilnehmerInnen Zahl
bleibt bestehen

ich kann mein Problem in Worte fassen
ich ersuche um eine Pause

ein Teilnehmer begleitet mich zur Toilette
ich trinke so viel Wasser wie möglich

langsam verschwinden die Doppelbilder
schnell steigt mein Harndruck

mein Körper erinnert mich an Verdrängtes
an *meine* Epilepsie
ich bin auf dem Weg
sie als Teil von mir
anzuerkennen …

… meine Mutter weiß
dass ich Epileptiker bin
ich habe es ihr gesagt
und sie erlebt mich während eines Anfalls

mein Vater weiß
dass ich Epileptiker bin
ich habe es ihm gesagt
und er erlebt mich während eines Anfalls

meine Schwestern wissen
dass ich Epileptiker bin
ich habe es ihnen gesagt
und sie erleben mich während eines Anfalls

meine Verwandten
und Freunde wissen
dass ich Epileptiker bin
ich habe es ihnen gesagt
und sie erleben mich während eines Anfalls

vier von den mehr als 20 Personen
sprechen mit mir über das
was sie während meines Anfalls erleben

sie begleiten mich
auf dem Weg
das Erlebte in Worte zu fassen

sie begleiten mich
auf dem Weg des Annehmens …

… im Annehmen der Situation liegt die Bewältigung

Viktor Frankl soll diese Aussage gemacht haben
sie beeindruckt mich
ich verweise
bei Seminaren und Vorträgen
immer wieder auf sie

im Annehmen der Situation liegt die Bewältigung

ich habe einen epileptischen Anfall
er bedrückt mich
er darf nicht geschehen sein
ich verdränge ihn
und Viktor Frankls Aussage

ich verdränge ihn
über Jahre

ich bin froh
nach Jahren
das Gefühl
nach meiner Aussage

„Ich hatte jetzt einen Anfall"

kennengelernt zu haben

es führte mich zur Freiheit
Anfälle haben zu dürfen
sie als Teil von mir zu akzeptieren

sie annehmen zu können …

… ich betrete das Büro einer Frau
ich spreche die Frau mit ihrem Namen an
wir führen ein kurzes Gespräch

ich verabschiede mich von ihr
ich gehe über den Gang
ich betrete das Büro eines Mannes

ich spreche den Mann mit dem Namen der Frau an

die Situation ist mir peinlich
durch Lachen möchte ich mich
dieser Peinlichkeit entziehen

Gott sei Dank lacht auch der Mann

ich erlebe diese Situation immer häufiger
mein Lachen fällt mir immer schwerer
ich erlebe Peinlichkeit

mein kleiner Fredi in mir
möchte einfach weg
möchte dass das nicht wahr ist

ich bin froh
dass ihm der erwachsene Alfred hilft
das Erlebte als Teil von ihnen
anzunehmen

als Teil
vom kleinen Fredi
und als Teil
vom erwachsenen Alfred …

… Sprachstörungen begleiten mich
durch meine Epilepsie
sie motivieren mich zu Gedankenreisen

ich reise in neue Welten
in Welten in denen die Zeit
und
das gesprochene Wort
kein Thema sind

ich erzähle meiner Frau
von meinen Reisen
und dann
reist sie mit mir

sie ist da
ist mit mir
ich spüre unsere Gemeinsamkeit

ich spüre sie in mir
ich spüre ihre Liebe
und jetzt
spüre ich mich in ihr

während des Anfalls
bin ich sprachlos
und mein Bewusstsein los

ich bin hilflos
schutzlos
und meine Gedanken los

ich bin froh
all das
jetzt in Worte fassen zu können

in Worte
die der kleine Fredi in mir
versteht

er ist Teil von mir
er braucht den erwachsenen Alfred

Heidi
du hilfst mir sehr dabei
den erwachsenen Alfred in mir
immer wieder
an die Sprache
des kleinen Fredi zu erinnern

es liegt so viel Berührendes in ihr …

… auf dem Kopf
Elektroden
in der einen Hand
ein Gerät

es zeichnet meine Hirnströme auf

in der anderen Hand
eine Infusionsflasche
in der Klomuschel
Harn und Stuhl

zwischen mir und der Hilfe
ein breiter Gang
ich läute nicht um Hilfe
ich rufe nicht um Hilfe

es ist da eine unendliche Weite
zwischen Toilette
und Behandlungsraum

ich fühle mich
machtlos
hilflos
ausweglos

ich kann mich nicht
vielleicht will ich mich auch nicht
erinnern
ich schäme mich

irgendwie
muss ich sie
diese Weite
überwunden haben

mit offenem Nachthemd
nacktem Gesäß
vollen Händen
voller Scham

ich bin froh
dass mich
die erlebte Peinlichkeit
vergessen macht …

… nach über acht Stunden erwache ich aus der Narkose
Heidi und der
mein Neurochirurg
stehen neben meinem Bett

sie sind da
ich fühle mich geborgen

der Neurochirurg fordert mich auf
etwas zu sagen
ich will etwas sagen
fasse in meinen Gedanken Worte
möchte sie aussprechen

Unverständliches kommt über meine Lippen

ich höre das Unverständliche
ich versuche das Unverständliche verständlich zu machen
ich höre mich scheitern

ich höre meinen Neurochirurgen sagen
„Passt so
Hauptsache sie sagen irgendwas"

er geht von meinem Bett
du Heidi bleibst
bist da

gemeinsam nehmen wir
den kleinen Fredi in mir in die Arme
streicheln ihn
sagen ihm
„Hast du's gehört
es ist gut so"
es ist so schön
dass der Neurochirurg
Heidi
und der erwachsene Alfred
recht behalten …

... ein alter Mann
kommt von zuhause
ins Krankenhaus
er kommt
aus seiner vertrauten alten Welt
in eine fremde
eine neue Welt

er ist verwirrt
seine Befunde
sie verbessern sich
seine Verwirrtheit
sie bleibt

und weil sie bleibt
kommt er vom Krankenhaus
ins Altersheim
er kommt
und er ist einer von vielen
ins Altersheim
ohne sich von zuhause verabschieden zu können

und jetzt spüre ich
meinen kleinen Fredi in mir

er lässt mich
den erwachsenen Alfred mitfühlen
ich fühle Angst
Angst vor dem Unbekannten
dem Fremden
dem Ort
der der letzte ist vor dem letzten

und dann fühle ich
Wut und Zorn

unsere Wut
unseren Zorn

und dann
ich fühle mit dem alten Mann
und ich fühle da
so eine Machtlosigkeit

und jetzt
höre ich den alten Mann
so ganz tief in mir drinnen sagen
„Bitte fahr mit mir heim"

und ich bin mit ihm nach Hause gefahren

und jetzt sehe ich ihn
den alten Mann
in seinem Wohnzimmer
in seinem Ohrensessel

er
der Ohrensessel
wirkt auf mich
als wäre er ein Teil
von ihm
dem alten Mann

und ich höre ihn sagen
„Einmal muss es sein"

er meint den Abschied
den von Gewohntem
den von Liebgewonnenem
den von Vertrautem

„Je mehr man zögert
umso schlechter ist es"
höre ich ihn sagen

es sind seine letzten Minuten
in seinem Wohnzimmer
in seinem Ohrensessel
er
der Ohrensessel
er
der mir als Teil von ihm
dem alten Mann
erscheint

und jetzt sehe ich ihn
den alten Mann
in seinem Ohrensessel
die Hände falten

ich höre da eine Sprachmelodie
und jetzt
jetzt fühlt der kleine Fredi in mir
den Abschiedsschmerz
den des alten Mannes
mit

und ich fühle so viel Weh

es ist Ende Mai

im Sommer
erfahre ich vom Tod des Mannes

und ich nehme meinen kleinen Fredi in mir
an der Hand
führe ihn zur Stereoanlage
lege die CD ein
und höre mit ihm Ludwig Hirsch
der da singt
„Auf geht's
mitten in den Himmel hinein
in eine neue Zeit
in eine neue Welt"

und ich sehe
gemeinsam mit dem kleinen Fredi in mir
den alten Mann
aus seiner neuen Zeit
und seiner neuen Welt
winken ...

... nach einem Kreuzstich
wird die Arthroskopie
in meinem Knie durchgeführt

nach der Arthroskopie
liege ich im Bett
langsam
ganz langsam
spüre ich meine Beine
und auch mein Gesäß wieder

und dann
fühle ich Nässe
Nässe in meinem Bett

und ich spüre Scham
möchte im Boden versinken
aus meinem Körper gehen

und jetzt sehe ich ihn
meinen Körper
ich muss ihn verlassen haben
er liegt im Bett
ich kann ihn sehen
und ich erlange Gewissheit
er hat nichts mit mir zu tun

mein bewusstes Sein
es hat sich zurückgezogen
ich habe keine Ahnung wohin

und irgendwann
muss sie
diese junge
diese hübsche
diese kompetente Schwester
gekommen sein

ich kann
und ich will mich nicht
an ihr Kommen erinnern

ich weiß
dass sie
in der Zeit
in der mein bewusstes Sein
meinen Körper verließ
Bedeutungsvolles für mich erledigte

und als ich
irgendwann
zurückkehrte
in meinen Körper
lag er
in einem sauberen
einem trockenen Bett

ich bin mir sicher
sie
die junge
die hübsche
die kompetente Schwester
sie schuf die für mich notwendigen Rahmenbedingungen
sie ermöglichten mir die Rückkehr
die
in meinen Körper

wir haben nie darüber gesprochen
sie nicht
ich nicht

und ich bin sehr froh darüber …

… sein Gehen irritiert mich

ich frage den Mann wie *er* es
sein Gehen
erlebt

er schaut mich an
schweigt
und in die Stille hinein
beginnt er zu sprechen

„Ich erlebe es als Niederlage
es verbessert sich nicht
ich möchte nicht mehr leben
ich weiß dass ich das nicht beeinflussen kann

ich kann keine Freude mehr erleben
ich kann mir meine Therapie
und die Pflegekosten nicht mehr leisten
ich stehe vor dem finanziellen Ruin

ich weiß nicht wie es mit meiner Frau weitergeht
ich kann meine augenblickliche Situation nicht in Worte fassen
sie erdrückt mich

früher hörte ich gerne Musik
bin gerne Schi gefahren
habe mich gerne bewegt"

er schaut auf den Boden
schweigt
und in der Stille meiner Gedanken
höre ich Andre Heller singen

„Die wahren Abenteuer sind im Kopf
und sind sie nicht im Kopf
dann sind sie nirgendwo"

„Können sie mir erzählen
wie es dort aussieht
dort wo sie Schi gefahren sind"
frage ich den alten Mann

und in die Stille hinein
beginnt er zu erzählen
und ich höre zu

und jetzt sind da Bilder
es sind die Bilder im Kopf
in meinem Kopf
und da sind die Bilder
da bin ich mir ganz sicher
auch in seinem Kopf

sie lassen uns gemeinsam reisen

und
irgendwann
kehren wir zurück

„Ich habe während ihrer Erzählung
und auch jetzt noch
Bilder im Kopf"
höre ich mich sagen

„Ich auch
und während ich sie sah
und auch jetzt noch
empfinde ich Wunderschönes"
höre ich ihn sagen

„Ich bin froh
frei entscheiden zu können
woran ich denke"
höre ich mich sagen

und nach langem Schweigen
sehe ich den alten Mann
jetzt in meinen Gedanken nicken …

… ich spüre Nähe
ich spüre Wärme
ich spüre Liebe
ich spüre dich

ich kann das Gespürte nicht in Worte fassen

ich spüre Nähe
ich spüre Wärme
ich spüre Liebe
ich spüre dich

ich brauche nichts in Worte fassen

ich kann mein Leben lang spüren
ich kann mein Leben lang *dich* spüren
ich kann mein Leben lang lieben
ich liebe dich mein Leben lang

was ich brauche ist mein Gefühl

es lebt in meinem kleinen Fredi
der kleine Fredi lebt in mir
ich möchte ihn mein Leben lang lieben
ich möchte ihn mein Leben lang nicht verlieren

ich werde ihn mein Leben lang nicht verlieren …

… ich bin zuhause
ich nehme meine Schuhe aus dem Schuhkasten
ich ziehe sie an
ich gehe aus dem Haus

ich bin in der Arbeit
ich nehme Schuhe aus dem Nachtkästchen
ich ziehe sie dem/der BewohnerIn an
ich begleite sie/ihn aus dem Zimmer

ich brauche Jahre
um das Außergewöhnliche
dieses Aufbewahrungsortes
zu erkennen

ich brauche Jahre
für die Formulierung dieses Betreuungsmerksatzes

„Achte darauf
dass Gegenstände dort gelagert werden
wo es für die Person
welcher die Gegenstände gehören
üblich ist"

ich brauche Jahre
für das bewusste Wahrnehmen
dass die Suche von wichtigen Gegenständen
Gefühle weckt

ich brauche Jahre
für das bewusste Wahrnehmen
dass das Wissen
wo wichtige Gegenstände liegen
das Gefühl von Sicherheit fördert
ich brauche Jahre
um Normalität in einer Betreuungseinrichtung
mit der individuellen Normalität
eines individuellen Zuhauses zu vergleichen

ich bin froh
dass ich die Geduld aufbringe
mich Tag für Tag
an mögliche Normalitätsunterschiede
zu erinnern …

... von unserem Haus
zum Haus von der Tante
sind es laut Google Maps 12,4 km
macht hin und zurück 24,8 km

bei dem damaligen Benzinpreis
von umgerechnet ungefähr 30 Cent pro Liter
und einem Kraftstoffverbrauch
von zehn Litern auf 100 Kilometer
kostete die Fahrt 75 Cent

der Zeitaufwand
für das Zurücklegen der Strecke
ist ungefähr eine Stunde

meine Schwester
und ich
werden pro Schuljahr
zirka 40 mal
am Montag hin
und am Samstag zurückgefahren

macht in Summe 80 Fahrten

80 Fahrten
mal gerundete 25 km
ergibt 2000 km

bei oben angeführtem Benzinpreis macht das 60 Euro

diesen Preis habt ihr
Vati und Mutti
für uns
und im Speziellen für mich
fünf Jahre lang
Jahr für Jahr ausgegeben

ich hatte Heimweh
immer wieder spürte ich es
dieses Weh

es trat nicht jeden Tag auf
aber wenn
dann zwischen Montag und Freitag

nie zwischen Samstag und Sonntag

ich bin mir sicher
und du Mutti
und du Vati
wohl auch
es war die gemeinsam verbrachte Zeit
die mich kein Weh spüren ließ

heute weiß ich
was euch
die gemeinsame Zeit mit mir
im Alter von 10 – 15 Jahren wert war

60 Euro pro Jahr

immerhin …

… ich erinnere mich an den Satz
im Verhalten eines Menschen ist nichts Zufall

ich weiß nicht
in welchem Buch
ich ihn gelesen habe
ich glaube
es war ein Buch
von Alfred Adler

ich bin sehr froh
ihn mir gemerkt zu haben
ich kann mich immer wieder einmal
an ihn erinnern

er nährt meine Sensibilität

er hilft mir
meinen kleinen Fredi in mir
an der Hand zu nehmen
mich mit ihm
auf eine Bank zu setzen
ihm liebevoll
in die Augen zu sehen
und ihm diesen Satz
einfach wieder einmal vorzusagen

„Im Verhalten eines Menschen ist nichts Zufall"

nicht in dem der Frau die ich liebe
nicht in dem der Kinder
nicht in dem der Freunde

und nicht in meinem
daran möchte ich mich
mein Leben lang erinnern …

... es ist mein erstes Praktikum
im Rahmen meiner Krankenpfleger Ausbildung
ich mache mit einer erfahrenen Abteilungshelferin Betten

bei Betten in denen keine Patienten liegen
halte ich ihre Arbeitsgeschwindigkeit

bei Betten in denen Patienten liegen
höre ich sie sagen
dass ich zu langsam bin
dass wir so nie fertig werden
dass wir aber noch sehr viele andere Arbeiten zu erledigen haben
und
dass die Zusammenarbeit mir mir sehr schwierig ist

Ihre Aussage
„Tua weida Bua
tua endlich weida
mit dir brauch' i bis übermorgn"
kommt bei mir an

ich bin mir meines Unvermögens sicher

in der Pause ziehe ich mich zurück
werde klein
spüre meinen kleinen Fredi in mir

er fühlt sich wertlos
am falschen Platz
gekränkt

er sehnt sich nach Anerkennung

gemeinsam mit dem halberwachsenen Alfred
analysiert er die Situation

und die Analyse
führt sie
den kleinen Fredi
und den halberwachsenen Alfred
zu einem eindeutigen Ergebnis

es ist der Patient

er stört
er liegt im Weg
er hindert Alfred
den Halberwachsenen
beim Abruf seiner Leistung

gebe es ihn nicht
könnte Alfred
der Halberwachsene
in Ruhe arbeiten

Alfred
der Halberwachsene
schreitet zur Tat

er befördert Patienten aus ihren Betten
das Stöhnen der ersten Patienten kann er noch hören
das Stöhnen der letzten
es liegen zirka 20 zwischen dem ersten und dem letzten
hört er nicht mehr

Alfred
der Halberwachsene
ist auf dem Weg zur Routine
die jetzt leeren Betten
kann er
der Halberwachsene
in der
von der erfahrenen Abteilungshelferin vorgegebenen
Arbeitsgeschwindigkeit neu beziehen

im Schweigen der Abteilungshelferin
liegt die Bestätigung seines Tuns

im Verlauf seiner Praktika
wird er
der Halberwachsene
beim Betten machen immer schneller

er hat Routine

erst Jahre später
wird dem erwachsenen Alfred bewusst
dass er mit Routine
über Patienten hinweg arbeitet

gemeinsam mit dem kleinen Fredi
stellt der erwachsene Alfred
heute
vor Betreuungstätigkeiten
die Frage

„Ist es ihnen recht" …

… Ich gehe meinen Weg
und du gehst deinen Weg.
Ich lebe nicht in dieser Welt um deinen Erwartungen zu entsprechen
und du lebst nicht in dieser Welt um den meinen zu entsprechen.
Ich bin ich
und du bist du.
Und wenn wir uns begegnen
ist es wunderschön. …

Fritz Perls

zitiert in: R. Rogoll, Nimm dich wie du bist, Herder Verlag, 1986

ich las es
und war vom Inhalt überzeugt
seit diesem Tag versuche ich
das Geschriebene zu leben

ich bin froh
dass mir diese Zeilen
immer wieder einmal einfallen

sie überzeugen mich
ich will sie leben

ich gehe meinen Weg
und es ist wunderschön
dass du Heidi
mir dabei so oft begegnest

und du Heidi
gehst deinen Weg

es ist wunderschön
dir auf *deinem* Weg zu begegnen

es passiert ganz leicht

zum Beispiel wenn ich dir
oder du mir
den Rücken massiere/massierst …

… „Alle glauben dass ich so stark bin
dabei stimmt das gar nicht
die Kinder wollen von mir nichts mehr wissen
dabei bin ich nur ihnen zu liebe da
würde es meine Kinder nicht geben
wäre ich nicht hier
sondern zuhause

das tut weh
am besten wäre es
ich könnte mir einen Strick nehmen"

sagt der
vor kurzem ins Altersheim übersiedelte Mann
zu mir

„Haben sie sich im Laufe ihres Lebens
jemals mit dem Älterwerden beschäftigt"
frage ich

„Nein"
antwortet der Mann
und nach einer kleinen Pause sagt er
„Ich habe auch nicht geglaubt
einmal in einem Rollstuhl zu sitzen
oder nicht mehr zuhause wohnen zu können
oder keine eigenen Zähne mehr zu haben
oder mir meine Schuhe nicht mehr selbständig anziehen zu können
oder Unterstützung zu brauchen wenn ich aufs Klo muss"

„Kann *ich* etwas für sie tun"
frage ich den alten Mann

„Ja"
sagt dieser
„Fahren sie bitte mit mir nachhause"

„Wollen sie mir den Grund sagen"
frage ich
„Ja"
antwortet der alte Mann
„Ich hab' so Heimweh
ich muss den ganzen Tag an mein Zuhause denken"

„Wollen Sie einmal vorbeischau'n"
frage ich
„Ja bitte"
sagt der alte Mann

und so fahren wir
der alte Mann und ich

„Es ist saukalt hier"
sagt der alte Mann
nach zirka einer Stunde

„Ich glaub es ist gut
wenn wir jetzt gehen
in meinem momentanen Zustand
ist es besser ich bin in einem Heim"

zwei Tage später ruft mich
eine Tochter des alten Mannes an

sie erzählt von der
sie berührenden
Aussage ihres Vaters
„Um fünf Uhr sind wir dann wieder nachhause gefahren"

wir sind uns einig
ihr Vater
ist einen Schritt
auf dem Weg von seinem alten Zuhause
hin
zu einem möglichen neuen Zuhause
gegangen …

... an einem sonnigen Märztag
kommt eine Krankenschwester
zum Stützpunkt des Roten Kreuzes
sie sagt
eine verwirrte alte Frau
welche sie betreut
muss auf die Psychiatrie gebracht werden

ein Kollege und ich
werden beauftragt den Transport durchzuführen

wir werden von der Krankenschwester informiert
dass die alte verwirrte Frau
ihr gegenüber
zu aggressiven Handlungen neigt
um dies zu vermeiden
möchte sie sich der alten Frau nicht zeigen

wir verstehen die Krankenschwester
und verabschieden uns von ihr

mein Kollege und ich
fahren mit dem Rettungsauto
zu der alten Frau

als wir ihren Garten betreten
liegt sie in einem Liegestuhl vor dem Haus

sie sieht uns
steht aus dem Liegestuhl auf
kommt auf uns zu und fragt
„Was wollen sie von mir"

wir sagen ihr
dass wir sie jetzt ins Krankenhaus fahren

die alte Frau wirkt erregt
sie sagt
dass uns sicher diese Krankenschwester schickt
dass die ihren Garten
ihr Haus
und ihr Geld haben will

mein Kollege und ich blicken uns an
nicken uns kurz zu
erleben Bestätigung
der Aussage der Krankenschwester

wir sind uns unserer Aufgabe sicher
können durch diese Sicherheit
unserem Tun Nachdruck verleihen

das Schreien und Toben
der alten Frau
gibt uns Bestätigung

das Schreien und Toben
der alten Frau
erweckt Aufmerksamkeit

auch die eines Polizisten

das Schreien und Toben
der alten Frau
gibt ihm Bestätigung

das Schreien und Toben
der alten Frau
bedarf einer Behandlung

gemeinsam sind wir uns unseres Handelns sicher
wir fahren sie ins psychiatrische Krankenhaus
dort erhält sie eine Spritze
diese wirkt sehr schnell

das Schreien und Toben
der alten Frau
erlischt

wir fühlen uns gut
sind uns sicher
gute Arbeit geleistet
den Auftrag erfüllt
zu haben

und dann
fünf Monate später

die alte Frau ist vor zwei Monaten
aus dem psychiatrischen Krankenhaus
entlassen worden

mein Kollege und ich stehen vor dem Richter
er fragt uns
„Warum haben sie der Krankenschwester
und nicht der alten Frau geglaubt"

ich weiß nicht mehr
was ich ihm geantwortet habe
was ich heute weiß ist
dass der kleine
der angepasste Fredi
brav seinen Auftrag erfüllte

ich weiß
dass ihn der erwachsene Alfred
damals einfach im Stich gelassen hat

bis zum heutigen Tag
erlebe ich diese Neigung
des erwachsenen Alfred

und immer wieder höre ich
meinen kleinen Fredi
ich höre ihn sagen
„Dein Tun
es ist in meinen Augen
nicht gerecht"

ich bin so froh
dass er mir das sagt
immer und immer wieder

es ist einfach toll
mit ihm
Beständigkeit zu erleben …

... einer flog über das Kuckucksnest

ich sah den Film von Milos Forman
mit Jack Nicholson als McMurphy in der Hauptrolle
schon oft

das letzte Mal vor drei Tagen

das vorletzte Mal vor mehr als drei Jahrzehnten
ich sehe mich in meinem Büro sitzen
unmittelbar nach der Filmvorführung
im Rahmen
des von mir
in der Krankenpflegeschule unterrichteten Gegenstandes
Psychologie und Lebenskunde

ich sehe mich in meinem Büro sitzen
und weinen

ich fühle
auch jetzt wieder
meine Enttäuschung
meine Ausweglosigkeit

und ich höre
ganz tief in mir drinnen
die Stimme meiner obersten Chefin

„Solange ich ihre Chefin bin
Herr Höller
werden sie
nichts"

es sind diese Worte
ihre Worte
Worte aus unserem Vieraugengespräch
zu dem sie mich einlud
vor ein paar Tagen
die ich jetzt in mir höre
wieder und immer wieder

ich sehe mich
in meinem Büro
und in meinen Gedanken
sehe ich McMurphy

er stellt das bestehende System
in der geschlossenen Abteilung
eines psychiatrischen Krankenhauses
in Frage

und jetzt sehe ich mich
vor mehr als drei Jahrzehnten
in meinem Büro
als McMurphy
der das System in Frage stellt

und ich höre meine Chefin sagen
„Solange ich …"

es sind die
vom System gesetzten
Maßnahmen
die im Film
McMurphy
ruhigstellen

es sind die
vom System gesetzten
Maßnahmen
die mich so
enttäuschen
und
kränken

die mich
weinen
und
resignieren
lassen

ich bin mir ganz sicher
es war damals
vor mehr als 30 Jahren
der kleine Fredi in mir
der mich auf Chief Bromden
auf den „Häuptling"
gespielt von Will Sampson
aufmerksam machte

er machte mir
meine Wahlmöglichkeiten bewusst

Sicherheit
durch systemangepasstes Verhalten
und sei es
wie bei McMurphy
mittels Lobotomie

oder
Unbekanntes
Riskantes
Neues

ich entschied mich für zweites
gemeinsam mit Chief Bromden
riss ich die Waschsäule aus der Verankerung
schmiss sie durchs versperrte Fenster
und lief in ein kleinwenig Freiheit

ich
mit meinem kleinen Fredi in mir
habe es bis zum heutigen Tag nicht bereut

danke McMurphy
danke Chief Bromden …

… sie sitzt auf einem Sessel
am Gang eines Altersheimes

es ist ihre gebückte Körperhaltung
und ihr gesenkter Kopf
die mich stehen bleiben lassen

nach einiger Zeit
hebt die alte Frau ihren Kopf
schaut mir in die Augen

in ihrem Blick
erlebe ich tiefe Traurigkeit

ich setze mich zu ihr
bin einfach da
und nach einer Weile der Stille
beginnt die alte Frau zu sprechen

sie spricht sehr langsam
und in einer Sprachmelodie
die mich Intimität spüren lässt

„Mein Gedächtnis ist ein Wirr-Warr"
und nach einer kurzen Stille
ich höre ihr tiefes Atmen
spricht sie weiter

„Mein Neffe hat mir versprochen mich abzuholen
ich bin enttäuscht
hat er mich alleine gelassen

er ist mein einziger Verwandter
und jetzt lässt er mich alleine
ich kann gar nichts machen

sie sehen ich bin am Ende
und er will nicht
vielleicht weil er zu wenig Geld bekommt

es ist alles verloren
ich hatte eine schöne Wohnung
ich weiß nicht ein noch aus

ich bräuchte jemanden
der sich ernstlich
für mich interessiert

ich hatte Freunde
aber die haben sich
in letzter Zeit verflüchtigt

es ist nichts mehr zu holen bei mir

ich habe in meinem Leben viel gelernt
Sprachen
Englisch und Französisch

ich habe diese Sprachen
an der Hochschule für Touristik
weitergegeben

meine Schule im ersten Bezirk
habe ich mit Erfolg absolviert

und dann ist es mit mir bergab gegangen

mein Gehirn hat ausgelassen
wieso
das ist mir ein Rätsel"

und jetzt nehme ich es wahr
die alte Frau
sie hält meine Hand

nach ein paar Minuten
drückt die alte Frau
meine Hand

ganz leicht
lässt sie los
nickt

ich kann mich nicht erinnern
den Spruch
„Wenn das Herz voll ist
geht der Mund über"
eindrucksvoller erlebt zu haben

ich bin froh
für diese alte Frau
da-gewesen-zu-sein …

... irgendwann begann ich meinen Weg zu gehen

ich habe Ausbildung und Therapie
gemacht
habe begonnen
zu verstehen

habe verstanden
dass dich Mutti
der Inhalt meines Referates
beim Kongress nicht interessiert

habe verstanden
dass für dich Mutti
die Kleidung wichtiger ist
als der Inhalt meines Referates

du siehst mich vielleicht heute
sechs Tage nach deinem Tod
und vor deinem Grab
aus einer
deiner
neuen Welt

ich bin mir sicher
bis auf meine Frisur
bist du mit meinem Aussehen
heute einverstanden ...

… und wenn du Pflegende(r) mich bewegst
mich wäscht
mich kleidest
mir eine Einlage gibst
dann werde ich mich nicht bewegen
ich werde mich nicht waschen
mich nicht kleiden
und ich werde in die Einlage machen

und ich werde dich immer mehr brauchen

ich werde dir
und du wirst mir
auch wenn du es nicht willst
immer näherkommen
und näherkommen

bist du Pflegende(r) dir deines Handelns bewusst …

… und wenn ich spreche
wie ein Kind
und wenn ich mich verhalte
wie ein Kind
bitte begegne mir
wie einem Kind

hol mich ab
dort wo ich stehe
begleite mich
und meinen kleinen Fredi in mir
auf *meinem*
vielleicht jetzt auch auf deinem
Weg

vielleicht führt er ins Jetzt
vielleicht auch nicht

was sicher ist
ist diese Chance
diese Chance der Begegnung
unserer Begegnung

willst du uns diese Chance geben

wenn ja
mit meiner Mithilfe kannst du rechnen …

… ich stehe nackt beim Waschbecken
es klopft an der Türe
die neben mir stehende Betreuungsperson sagt
„Herein"

ich bin sprachlos
und
meine Autonomie
und wie oben schon erwähnt
auch meine Kleidung los

aber nicht meine Scham …

… ich halte Seminare
für professionell Pflegende
ich berate multiprofessionelle Teams

ich bin in der Lage zu diskutieren
zu reflektieren
zu argumentieren

ich kann mir sowohl im Beruflichen
als auch im Privaten
Gehör verschaffen

und jetzt bin ich nackt

ich verspüre Scham
ich bin nicht in der Lage zu diskutieren
zu reflektieren
zu argumentieren
ich kann mir kein Gehör verschaffen

ich bin meine Kleidung los
und diese Situation macht mich sprachlos

wäre ich meine Sprache nicht los
und würde mich jetzt
jemand fragen
ob mir etwas fehlt
ich würde mit hoher Wahrscheinlichkeit
mit – NEIN – antworten

in dieser Situation
brauche ich keine Fragenden
in dieser Situation
brauche ich Mitfühlende
Mitfühlende wissen
was ein Bloßgestellter braucht …

... ich wurde gewaschen
eingeölt
berührt

liebevoll
zärtlich
bedingungslos

ich fühlte
Liebe
Zärtlichkeit
Nähe

ich
der kleine Fredi
erlebte Liebe

ich werde gewaschen
eingeölt
berührt

gleichgültig
distanziert
vorbehaltlich

ich
der erwachsene Alfred
und der kleine Fredi in mir
erleben Kälte
Distanz
Abneigung

ich
der erwachsene Alfred
und der kleine Fredi in mir
erleben diesen Unterschied

auch dann
und vielleicht
gerade dann
wenn die Gedächtnisleistung
des erwachsenen Alfred
beeinträchtigt ist

wir
der erwachsene Alfred
und der kleine Fredi
hören eine Stimme
sie spricht langsam
klingt ruhig
schenkt Vertrauen

wir genießen die Stimme
die langsam spricht
ruhig klingt
Vertrauen schenkt

wir lieben die Stimme
sie spricht so langsam
klingt so ruhig
so vertraut

wir spüren eine Hand
sie berührt langsam
vermittelt Nähe
Intimität
und Achtsamkeit

wir genießen die Hand
die langsam berührt
Nähe vermittelt
Intimität
und Achtsamkeit

wir lieben die Hand
die so langsam berührt
Nähe vermittelt
Intimität
und Achtsamkeit

wir fühlen Vertrautes
Gemeinsames
Geborgenes

wir spüren Begegnung
sie ist wunderschön

wir
der kleine Fredi und der erwachsene Alfred
werden gewaschen
werden angehalten uns zu waschen

wir werden angezogen
wir werden angehalten uns anzuziehen

uns wird Essen eingegeben
wir werden angehalten selbst zu essen

wir werden mit dem Rollstuhl gefahren
wir werden angehalten mit dem Rollstuhl zu fahren

wir
der kleine Fredi
und der erwachsene Alfred werden ...

wir
der kleine Fredi
und der erwachsene Alfred
werden angehalten ...

die Frage
wollt ihr das eine
oder das andere
wird uns nicht gestellt

vielleicht würde sie uns
und sei es auch nur ein bisschen
Autonomie spüren lassen ...

... ich trage eine Windel
ich uriniere in die Windel
vor dem Bett
und im Bett
vor dem Frühstück
und während des Frühstücks
alleine
und in Gesellschaft

auf die Frage
„Spüren sie's wenn sie urinieren"
sage ich „Ja"

ich trage noch immer eine Windel
ich uriniere noch immer in die Windel
vor dem Bett
und im Bett
vor dem Frühstück
und während des Frühstücks
alleine
und in Gesellschaft

ich habe gelernt
Erwartungen zu erfüllen ...

… „Ich bekomme jetzt die Brille"
sagt die Betreuungsperson
und nimmt sie
von meiner Nase

„Ziehen sie sich die Hose aus"
sagt die Betreuungsperson
und zieht mir diese aus

„Waschen sie sich jetzt"
sagt die Betreuungsperson
nimmt den Waschlappen
und wäscht mich

„Trocknen sie sich jetzt ab"
sagt die Betreuungsperson
nimmt das Handtuch
und trocknet mich

„Ziehen sie sich jetzt an
gehen sie jetzt zum Tisch
setzen sie sich jetzt nieder
essen sie jetzt" …
sagt die Betreuungsperson

„Und wenn sie etwas brauchen
läuten sie
ich bin immer für sie da"

„Sie ist lieb"
die Betreuungsperson
sagen die Beobachtenden

„Sie sind alle lieb"
sage ich
der Betreute

und es vergeht Zeit

„Die Brille ist noch auf meiner Nase"
sage ich
und die Betreuungsperson
nimmt sie mir ab

„Ziehen sie mir die Hose aus
waschen sie mich
trocknen sie mich ab
ziehen sie mich an
fahren sie mich mit dem Rollstuhl zum Tisch
bringen sie mir das Essen"
sage ich

„Und wenn ich etwas brauche
läute ich
sie sind ja immer für mich da"
sage ich

und es vergeht Zeit

ich nehme die Brille nicht ab
ich ziehe die Hose nicht aus
ich wasche mich nicht
ich trockne mich nicht
ich ziehe mich nicht an
ich gehe nicht zum Tisch
ich schneide mir das Essen nicht

ich läute
und ich höre
„Gleich"

ich läute
und ich höre
„Gleich"

ich läute
und ich höre
„Gleich"

ich läute
und erlebe
Gleichgültigkeit …

… ein Blick
auch der meine
sagt mehr
als tausend Worte

ich hoffe
meine mir Lieben
suchen
und sei es
für einen Augenblick
meinen Blick

den äußeren
und den inneren

in ihm
und mit ihm
können wir
uns finden

und im Finden
in *diesem* Finden
liegt die Chance
Begegnung zu erleben …

… was ich mir wünsche
ist die Erinnerung
meines Gegenübers
an eine Zeit
in der wir
kein Wort verstehen

was ich mir wünsche
ist die Erinnerung
meines Gegenübers
an eine Zeit
in der wir klein
ganz klein waren

in dieser Erinnerung
lebt Liebe

einfach so …

… und solltet ihr
liebe Kinder
und ihr
liebe Betreuende
einmal das Gefühl haben
dass ich nicht mehr will

mich nicht waschen will
mich nicht anziehen will
mich nicht bewegen will
ich vielleicht auch
nicht mehr leben will

fragt mich

ich werde euch
antworten

vielleicht mit Worten
ganz sicher mit Taten

so wie es einst
der kleine
der ganz kleine
Fredi tat …

… und sollte
meine Art zu leben
andere und mich
gefährden

und sollte
meine Art zu leben
euch Kinder
nicht unbedingt mich
belasten

und sollte
meine Art zu leben
ein neues Daheim
brauchen

dann brauche ich euch
Kinder

und sollte
ich dieses neue Daheim
nicht schon gesucht haben
bitte sucht es für mich

und bitte
begleitet mich
auf dem Weg
in mein neues Daheim

und bitte
besucht mich
in meinem neuen Daheim
auch wenn ich es nicht
als mein Daheim sehe
und bitte
versteht mich
wenn ich mein neues Daheim
nicht als mein Daheim
empfinde

und bitte
geht heim
aber ohne mich
und nehmt mich auch
in euren Gedanken nicht mit

und wundert euch nicht
wenn ich euch bitte
immer wieder bitte
dass ich heim will

und bitte
geht heim
wenn ihr mich
nicht mehr bitten hören könnt

aber bitte
kommt wieder
und wieder
und wieder …

… es ist sein Lachen
das mich berührt
es ist sein Strahlen
das mich wärmt
es ist die Begegnung mit ihm
die mich so Schönes fühlen lässt

und dann geht er seinen Weg
und ich gehe den meinen
und als ich bei einem seiner Brüder vorbeigehe
er sitzt auf einer Bank im Klostergarten
höre ich sein Singen

ich bleibe stehen
es ist
und da bin ich mir ganz sicher
die vom Mönch gesungene Melodie
die mich jetzt Opa sehen lässt

er sitzt im Liegestuhl
und ich höre ihn summen
ich spüre die Begegnung mit ihm
ich spüre sie *jetzt*

es ist das in mir Strahlende
so rund um mein Herz
ich fühle es
und
es füllt meine Augen mit Tränen
jetzt

ich bin so froh
mich immer wieder
an die Begegnung mit den Mönchen erinnern
und dieses Strahlende in mir
fühlen zu können
jetzt …

... lieber Opa

in den letzten Tagen war ich viel bei Omi
sie hat es sehr gut brauchen können
immer wieder hat sie gefragt
warum es so hat kommen müssen

ich habe versucht sie an deinen Wunsch zu erinnern
wo du gesagt hast
du hättest nichts lieber
als dass du vor ihr gehen könntest

ich hab' sie daran erinnern können
und sie hat dann für eine Weile nicht geweint

wir sind viele Stunden beisammengesessen
die Erinnerungen an dich
haben mich mit ihr
in verschiedenste Zeiten geführt

ich habe Omi erzählt
und beiden
Omi und mir
liefen die Tränen über die Wangen

die Erinnerungen
sie haben auf der einen Seite sehr weh getan

auf der anderen Seite bin ich dir Opa
und ich bin mir sicher
das trifft auch auf Omi zu
für diese Erinnerungen unendlich dankbar

für die Erinnerung wo du mir vorliest
wo ich im Bett liege
mit meinen gebrochenen Beinen
und du bei mir bist und liest

in dieser für dich
so einmaligen Art

für die Erinnerung an die Sonntage
wo ich in der Früh
neben dir in Omis Bett liegen durfte
und wo du mir die Jägersprache gelernt hast

für die Erinnerung wo ich bei der Schlussjagd
neben dir stehe
und wo mich der Hase
über den Haufen rennt

beim Erzählen dieser Erinnerung
hab' ich Omi ein bisschen lachen gesehen

und dann hab' ich sie gefragt
ob sie glaubt
dass es gut ist
so wie es gekommen ist

und ich hab'
Omi nicken gesehen

ich hab' dann so ein Gefühl gespürt
so rund um mein Herz
und dieses Gefühl ließ mich weinen
und auch Omi hat geweint

mir ist so viel eingefallen
was ich mit dir erlebt habe

danke Opa
für die vielen Erinnerungen

Omi geht es
wie du dir denken kannst
nicht gut

ich habe ihr gesagt
dass du auf sie wartest

Vati und Mutti
und wir alle
werden sie begleiten
bis sie so weit ist
den Weg zu dir
anzutreten

Der Mensch denkt und Gott lenkt
hast du immer gesagt

in diesem Sinne
dein Fredi

und lass Willi von mir grüßen …

… lieber Hans

wir sind gekommen
um uns heute von dir zu verabschieden
dein Kampf gegen den Krebs ist vorbei

du und wir alle
hätten uns gut vorstellen können
noch längere Zeit gemeinsam
durchs Leben zu gehen

es sollte nicht sein
ich höre dich noch sagen
„Ein paar Jahre hätte ich schon noch gerne gelebt
vielleicht gibt es doch noch eine Chance"

nie hörte ich dich fragen
„Warum trifft es mich"

Viktor Frankl prägte den Satz
im Annehmen der Situation liegt die Bewältigung

du hast deinen Krebs angenommen
und du hast dein Leiden bewältigt
im Kampf gegen die Krankheit
bist du ans Limit gegangen
dein Lebenswille machte es dir möglich
auch im Leiden
welches durch die Chemotherapie noch verstärkt wurde
Sinn zu sehen

du hast nichts unversucht gelassen

du hast das Lied – Ikarus – von Wilfried gelebt
du hast deine Schwingen gespannt
du hast gezeigt was und wie es geht

du hast mich überzeugt
dass nur der Versuch am Schluss zählt

in unseren Gedanken sehen wir Bilder
durch deine Liebe zum Segeln und zum Wasser
machst du es uns einfach *dich* zu sehen

denn wenn wir den See sehen
können wir dich sehen
lieber Hans …

... und wenn ich mich an dich Omi erinnere sehe ich

dich in deinem Bett
und ich spüre dich
dein Weiches
dein Warmes
dein So-gut-duftendes
dein So-alt-auf-mich-wirkendes
dein Omiges

und wenn ich mich an dich Omi erinnere sehe ich

dich in deiner dunklen Küche
in der du das Licht
erst ganz spät aufgedreht hast
da der Strom für dich
immer etwas Teures war
ich höre dich
mit Frau Maier
und Meitschi Tante
und Lintschi Tante
über den Krieg
und über viele Geschichten aus eurem Leben
erzählen

und wenn ich mich an dich Omi erinnere sehe ich

das Bild der Am-Herd-stehenden
der den roggenen Sterz Kochenden
dessen Geschmack ich jedes Mal schmecke
so wie auch jetzt
wenn ich daran denke

und wenn ich mich an dich Omi erinnere sehe ich
das Bild auf dem du und Opa
unmittelbar vor dem Mittagessen
bei Tisch sitzen
und
komm Herr Jesus sei unser Gast
beten

und ich höre Opa sagen
„Nou, gibt's heit kan Leffö"

ich sehe dich aufstehen
zur Bestecklade gehen
und Opas Aluminiumlöffel
den mit den Initialen MH
holen

und ich höre ihn
auch jetzt
die Suppe damit schlürfen

und wenn ich mich an dich Omi erinnere erlebe ich

Gewissheit
dass
wenn alles so seine Ordnung hat
fehlende Löffel
Partnerinnen zu holen haben
und auch das fehlende Maggi

und wenn ich mich an dich Omi erinnere erlebe ich

Gewissheit
dass eine *richtige* Ehefrau
dem Wirt
oder den Anderen
die Schuld gibt
wenn der Partner zu viel trinkt

und wenn ich mich an dich Omi erinnere erlebe ich

Gewissheit
dass man beim Aufkommen eines Gewitters
das Licht auf gar keinen Fall aufdrehen darf
und
dass man durchs Haus laufen muss
um alle Stecker aus den Steckdosen zu ziehen
besonders den vom Fernseher

und wenn ich mich an dich Omi erinnere sehe ich

den Unterschied
zwischen Omis
und richtigen Omis

richtige Omis haben Kopftücher auf
tragen Kleiderschürzen und dunkle Kleider
und wenn sie aus dem Haus gehen
haben sie eine braune oder schwarze
Handtasche aus Kunstleder dabei

und wenn ich mich an dich Omi erinnere sehe ich

dich als Kind
welches zu seinen Eltern – Seij (Sie) – sagt
und als Frau
mit phänomenalen Sparfähigkeiten

und wenn ich mich an dich Omi erinnere sehe ich

eine Frau
die nicht mehr gehört wird
und auch nicht mehr ernst genommen wird
auch von mir nicht

du versprichst schon seit Jahrzehnten
bald zu sterben
und dieses Versprechen
löst du erst mit 95 ein

und wenn ich mich an dich Omi erinnere erlebe ich

eine sehr traurige Frau
ich erlebe eine Frau
die bittet
„Opa hol' mich
bitte hol' mich"

irgendetwas muss da aber gewesen sein
was es dir wichtig machte
so lange bei uns zu bleiben

in Gedanken und Gesprächen
waren Heidi
Gregor
Raphael
und ich
sehr oft bei dir

du führtest uns zur Überzeugung
die Verantwortung über das Wie
unseres Altwerdens zu übernehmen

vieles von dem
was ich jetzt schreibe
hast du Omi
und du Opa
du Mutti
und du Vati
mir wahrscheinlich nicht bewusst gegeben

ich habe viele Jahre gebraucht
bis ich erkennen konnte
wie wichtig euer Vorbild für mich ist
wie wichtig ihr für mich seid

Omi lebte im Glauben
dass das Ende dieses Lebens
der Anfang eines wunderschönen neuen ist

und
liebe Omi
solltest du dort
in deinem neuen Leben Opa
ihn findest du vermutlich im Wald
Hans
ihn findest du im Wohnmobil an einem See
und Willi
der kommt sicher mit dem Motorrad vorbei
treffen
lass sie von mir grüßen …

... lieber Onkel Karli

am Samstag erfuhr ich von Vati
dass Tante Zita verstorben ist
aus diesem Grunde möchte ich dir
diese Zeilen schreiben

ich möchte dir erzählen
was du und Tante Zita
mir in den fünf Jahren
die ich bei euch verbrachte
gegeben habt

der Beginn dieser fünf Jahre war nicht leicht für mich
ich hatte
wie du weißt
starkes Heimweh

der Sonntagabend war für mich die Zeit
in der ich dieses Weh am meisten verspürte
ich war sehr traurig
aber was sollte ich machen
der Montag kam und Vati führte Evi und mich
später nur noch mich
zu euch

es war die Schule und das Heimweh
sie dominierten den Montagvormittag
nach der Schule ging ich zu euch
zu meinem
Unter-der-Woche-Zuhause

und Tante Zita hat mich
in den ersten Jahren dort erwartet
heute weiß ich wie wichtig das für mich war

sie hat immer Essen gekocht
sie war einfach da
Evi und ich sind von euch
wie eigene Kinder aufgenommen worden
und das hat das Heimweh erträglich gemacht

ich sehe Tante Zita
jetzt
in meinen Gedanken
mit uns Kindern in der Küche
beim Kartenspielen

ich sehe sie beim Kochen
und bei der Hausarbeit

das was ich von dir in diesem Moment sehe
habe ich von meinem Vater nicht gesehen

du stehst am Herd und kochst
ein Surschnitzel
ich kann es in meinen Gedanken
jetzt schmecken

ich sehe dich beim Sauabstechen
und ich sehe Tante Zita
gemeinsam mit deiner Mutter
beim Herd Grammeln machen

du hast dich ums Fleisch gekümmert
besonders gut hat mir der Speck
und auch die Blunzen geschmeckt

in meinen Gedanken sehe ich euch
dich
Tante Zita
Karl und Kurt
und Waltraud
mit uns
in Tirol
bei der Europabrücke

wir sind nicht über sie gefahren
wir haben sie uns von unten angesehen

du hast uns
die drei Buben
mit deinem Moped fahren lassen

ich sehe mich das Haus umrunden
durch den Obstgarten zum Nachbarn
und wieder zurückfahren

wir drei waren die ersten
die Moped fahren konnten
danke für das tolle Gefühl
welches ich bei diesen Fahrten erleben durfte

ich werde mich
so lange es mein Gedächtnis zulässt
an diese Bilder
in meinen Gedanken erinnern

ich habe meine Erinnerungen
Heidi
und Gregor
und Raphael erzählt
und sollte es mir eines Tages so ergehen
wie Tante Zita
und mir die vielen Bilder
und das viele Andere
nicht mehr einfallen
vielleicht kann ich sie sehen
wenn *sie* mir davon erzählen

und sollte ich sie nicht sehen
dann weiß ich heute
ich werde sie fühlen

die Geschichten
und Heidi
und Gregor
und Raphael …

ich weiß
dass du für Tante Zita sehr wichtig warst
du warst Liebhaber und Partner
ihr wart Vater und Mutter
und ihr seid gemeinsam durch dick und dünn gegangen

für sie ist der Weg jetzt zu Ende
für dich geht er weiter
er wird in nächster Zeit sicherlich auch nicht einfach sein

ich nehme an
Tante Zita wird dir fehlen
ich war noch nie in so einer Situation
wie du jetzt

ich bin mir jedoch sicher
ich würde viel weinen
ich hoffe du hast Menschen um dich
mit denen du reden kannst
Menschen die für dich da sind

„Und wenn ich einmal gestorben bin
dann wirst du sagen
ich bin mit Opa Schwammerl suchen gegangen"

ich denke so oft an diesen Satz
von Opa
und
ich erlebe immer die Bestätigung
er hat recht

ich sehe ihn auf meinen Gedankenreisen
und ich erlebe ihn
auf meinen Gedankenreisen

dieses Erleben hat mir geholfen
die tiefe Traurigkeit
welche ich verspürte
als ich von seinem Tod erfuhr
zu überwinden

ich wollte dir Onkel Karli
einfach davon erzählen …

... liebe Tante Angela

ich sitze im Bett
denke an dich und Onkel Pepi
und meine Gedanken werden zu Bildern

ich möchte dir
von ihnen erzählen

ich sehe mich
bei dir und Onkel Pepi in der Schneiderei

ich höre mich bittend
und traurig sagen
dass ich ein bisserl Mutti schauen möchte

ich weiß aus Erzählungen
von dir und Onkel Pepi
dass ihr mich zum Fenster gestellt habt
um mich ein bisserl Mutti schauen zu lassen

ich sehe mich jetzt
von eurer Schneiderei
durchs Fenster hinüberschauen zur Schule

es war sehr wichtig für mich
dies tun zu können
und ihr habt es mir ermöglicht

ich sehe mich und Onkel Pepi
in der Schneiderei in eurem Haus
es sind schon einige Jahre
seit dem Mutti-schau'n vergangen

er misst mir meinen Hubertusmantel an
es ist ein Freitag
der Stoff für den Mantel
ist eben mit der Post gekommen

am nächsten Tag
es ist der erste Samstag im November
nimmt mich Opa zur Hubertusmesse mit
und
ich sehe mich mit meinem neuen Mantel
neben Opa in der Kirche sitzen

wir tragen beide einen Hubertusmantel

Onkel Pepi muss gewusst haben
wie wichtig mir der Mantel ist
er schneiderte ihn für mich
in nicht einmal einem Tag

ich sehe mich im Stresemann
neben mir Heidi
als wunderschöne Braut
und ich weiß wer mir den Stresemann anfertigte

es war Onkel Pepi

ich sehe dich und Onkel Pepi
mit uns
durch die wunderschöne Plitzwicer Seenlandschaft gehen

diese Bilder
und noch mehr
sind mir jetzt
beim Schreiben
durch den Kopf gegangen

sie haben mich
so wie immer
wenn ich sie sehe
ein Gefühl
so ein ganz warmes
spüren lassen

als Opa aus unserer Welt ging
haben sie mich getröstet

vielleicht können sie bei dir
Tante Angela
Ähnliches bewirken …

… liebe Uta

es ist mir ein Bedürfnis
dir meine Gedanken mitzuteilen
die mir seit Hans Tod
so durch den Kopf gehen

ich erinnere mich
an die wunderschönen Abendessen
im Wohnzimmer
mit dir und Hans
und Heidi und Monika

ich erinnere mich
an das wunderschöne Hochzeitskleid
welches du
Heidi in vielen Arbeitsstunden
genäht hast

ich erinnere mich
wie wir euch in Lichtenegg
vom Bauernhof abgeholt haben
und Heidi
mit Hans
vor die Türe des Hauses traten

ich erinnere mich
wie traumhaft schön Heidi
in dem von dir geschneiderten Kleid war

natürlich habe ich auch wahrgenommen
dass es Phasen in der Beziehung
zwischen dir und Hans gab
in denen ihr euch weh getan habt
euch seelisch verletzt habt
mit großer Beständigkeit
immer wieder und wieder

ich habe eure Ausweglosigkeit
aus diesem Dilemma erlebt

und dann wurde bei Hans
Krebs diagnostiziert

und jetzt habe ich diese
bis dahin für mich
zwischen dir und Hans
noch nie wahrgenommene
Einfühlsamkeit
und Intimität
erlebt

ich habe deine Einfühlsamkeit
und die mit Hans gelebte Intimität
immer wieder erleben können

ich erlebte sie mit euch
und zwischen euch
bis zu Hans Tod

du Uta
hast Hans die Chance gegeben
auf seinem Sofa zuhause
in Gedanken zu reisen

mit seinem Wohnmobil

ich weiß
ihr habt
alleine und gemeinsam
dort Wunderschönes erlebt

Heidi
und ich
und die Kinder
wir arbeiten daran
uns Ähnliches zu ermöglichen

du bist uns
ein großes Vorbild

alles Liebe
Alfred …

... liebe Heidi

du bist heute wütend vom Frühstück aufgestanden
und bist deinen Weg gegangen

du hast mir
durch dein Verhalten
sehr geholfen
dich als autonomen Menschen wahrzunehmen

warum ich diese Form des Hinweises brauchte
weiß ich nicht

er bietet mir jedoch jetzt die Chance
mir Gedanken über die
mit dir gelebte Zeit
und mit dir gelebte Beziehung
zu machen

ich denke nach
wie ich mit dir spreche
welche Inhalte die Gespräche haben
wie ich mit dir Zeit verbringe
und was mein Beitrag
für die Gestaltung
dieser gemeinsamen Zeit ist

ich gehe
in meinen Gedanken
in *die* Zeit
in der ich dich kennenlerne

auf meiner Gedankenreise
sehe ich Bilder
und spüre Gefühle

ich sehe mich mit dir
in der Klasse sitzen
und im Hochhauskaffee

ich spüre dein ganz leichtes Busserl
am Schnellbahnbahnhof in Floridsdorf

ich sehe mich mit dir
in Gmunden im Bett liegen
und ich spüre deinen Körper

ich sehe mich mit dir in Norwegen
dort wo du fast abgestürzt bist
und ich dich gerade noch erwischt habe

und ich spüre
jetzt
unsere gelebte Liebe

ich sehe dich als Braut
und ich spüre deine Wärme

ich sehe dich in unserem Garten
in der Wiese liegen
ich sehe dich Gras rechen
und ich sehe deinen Bauch

er ist ganz voll mit Gregor
ich spüre ihn mit dir bei mir

ich erlebe mich
mit dir
und Gregor
und Raphael
und
ich verspüre so Vieles

ich sehe auch Andrea

sie sitzt neben mir im Auto
sie ist wunderschön

ich erzähl dir von ihr
du weißt ja in der Transaktionsanalyse
lernen wir von den Erlaubern
die wir unserem Kindheits-Ich geben können

Andrea ist so der „Ansatz" eines solchen

woran ich erst jetzt denke ist
dass ich nicht dazu gezwungen werde
mir Erlauber zu erlauben

die Form deines Hinweises
heute Morgen
lässt mich deinen Weg sehen

du gibst mir die Freiheit zu entscheiden

ich entscheide mich für unseren Weg
und ich weiß
ich werde mit dir Wunderschönes erleben

ich finde bis zum heutigen Tag so viel Bestätigung

ich liebe dich …

… ich esse Fleisch
und das schon sehr sehr lange
und es schmeckt mir immer noch

ich trinke Milch
und das schon sehr sehr lange
und sie schmeckt mir immer noch

ich esse Käse
und das schon sehr sehr lange
und er schmeckt mir immer noch

ich fahre Auto
und das schon sehr sehr lange
und ich fahre immer noch

und jetzt habe ich das Buch
„Wir sind das Klima"
von Jonathan Safran Foer
gelesen

und auf Seite 114 schreibt er
„Die vier wirksamsten Maßnahmen gegen Klimawandel
die der Einzelne ergreifen kann sind
pflanzlich ernähren
Flugreisen vermeiden
auf ein Auto verzichten
weniger Kinder kriegen"

ich möchte
dass sich meine Enkelkinder
an einen Opa erinnern
der immer wieder dieses Buch zur Hand nimmt
die Seite 114 aufschlägt
und sich
und wenn sie
meine Enkelkinder wollen
auch ihnen
laut vorliest
„Die vier wirksamsten Maßnahmen gegen Klimawandel
die der Einzelne ergreifen kann sind
pflanzlich ernähren
Flugreisen vermeiden
auf ein Auto verzichten
weniger Kinder kriegen"

ich möchte
dass meine Enkelkinder
ihren Kindern und Enkelkindern sagen
„Soweit ich mich an ihn erinnere
hat er diese vier Maßnahmen
gelebt" …

… meine Gedanken reisen

es sind die Gedanken des großen
des erwachsenen Alfreds

sie reisen zu meinem kleinen Fredi in mir
sie reisen jetzt

und wann immer sie ankommen
die Gedanken
des erwachsenen Alfreds
ist er
der kleine Fredi
zuhause

und dann wird sein Zuhause
zu unserem Zuhause

und dann reisen wir gemeinsam

er sagt mir was *er* sieht
was *er* spürt
und was *er* fühlt
auf unserer gemeinsamen Reise

und dann
so wie jetzt
spüre ich ihn
den kleinen

es ist seine Wärme
er lässt sie mich spüren
er
der kleine Fredi
in mir
lässt mich
den erwachsenen Alfred
mitfühlen

so rund ums Herz

gemeinsam
spüren wir unser Leben
unser gemeinsames Leben …

und dieses Spüren
macht es so warm ums Herz …

… und wenn *du* willst
lass *deine* Gedanken reisen

bei *deiner* Entscheidung wohin
erlebst *du* vielleicht Autonomie

vielleicht möchtest *du* dabei Erlebtes
mit *deinen* Worten
für *dich* fassbar machen

_____
_____
_____
_____
_____
_____

… meine Gedanken reisen

so lange ich bin …

Der Autor

Wenn der 1956 geborene Lichtenegger Alfred Höller an seine Kindheit denkt, dann denkt er an das Schwammerlsuchen mit seinem Großvater. Wenn er an seine Jugend denkt, summt er „Born to be wild" und hat Bilder von „Easy Rider" in seinem Kopf. Wenn er an die ersten Jahre seiner Arbeit als diplomierter Krankenpfleger denkt, sieht er schwer kranke und sterbende Kinder. Wenn er an seine daran anschließende Lehrtätigkeit denkt, erlebt er Freude im Unterricht und Fragwürdiges im Pflegealltag. Wenn er an seine Zeit als Berater denkt, fühlt er Freiheit im Denken und Mut zum Versuch. Und heute, als glücklich verheirateter Pensionist im Kreise seiner Kinder und Enkerl, bringt er all diese Gedanken in seinem einzigartigen Werk „… Gedanken reisen …" lyrisch zum Ausdruck.

Der Verlag

> *Wer aufhört*
> *besser zu werden,*
> *hat aufgehört*
> *gut zu sein!*

Basierend auf diesem Motto ist es dem novum Verlag ein Anliegen neue Manuskripte aufzuspüren, zu veröffentlichen und deren Autoren langfristig zu fördern. Mittlerweile gilt der 1997 gegründete und mehrfach prämierte Verlag als Spezialist für Neuautoren in Deutschland, Österreich und der Schweiz.

Für jedes neue Manuskript wird innerhalb weniger Wochen eine kostenfreie, unverbindliche Lektorats-Prüfung erstellt.

Weitere Informationen zum Verlag und
seinen Büchern finden Sie im Internet unter:

www.novumverlag.com